DES

ADMINISTRATIONS

PROVINCIALES

ET MUNICIPALES.

SE TROUVE

CHEZ DELAUNAY, LIBRAIRE, AU PALAIS-ROYAL,

ET CHEZ TOUS LES MARCHANDS DE NOUVEAUTÉS.

DES

ADMINISTRATIONS

PROVINCIALES ET MUNICIPALES,

PAR

M. LE C^{TE} DE VAUBLANC,

MINISTRE D'ÉTAT.

« Les desseins élevés plaisent aux courages
» magnanimes ; et, long-tems médités,
» ils sont toujours suivis du succès. »

Préambule d'un Édit de Louis XIV.

PARIS,

IMPRIMERIE DE A. HENRY,

RUE GÎT-LE-COEUR, N° 8.

—

1828.

TABLE DES MATIÈRES.

DES ADMINISTRATIONS

PROVINCIALES ET MUNICIPALES.

PREMIÈRE PARTIE.

Question soumise par les Ministres à une Commission, relativement à l'administration intérieure ; sous quels rapports elle doit être envisagée.

ON ne cesse de demander une nouvelle organisation des conseils généraux des départemens et des municipalités. Ceux qui mettent le plus d'instance dans cette demande ont l'espoir de donner plus de force à la démocratie. Le parti le plus sage peut-être eût été de résister à ce désir immodéré d'innovations, maladie dangereuse qui travaille la France depuis cinquante ans. Mais, puisque le gouvernement a

(8)

soumis cette question à une commission nom-
mée par le Roi, on peut, sans inconvenance,
présenter quelques idées sur un changement si
important. Il peut devenir pour la monarchie
une cause féconde de sa ruine, s'il fortifie la
démocratie ; ou une cause seulement probable
de son affermissement, s'il fortifie la faible aristocratie de la France.

Pour écrire sur un semblable sujet, il faut
résister à cette indifférence qui engourdit presque toutes les âmes, et sentir vivement dans le
plus profond de son cœur les sentimens inspirés
par le monarque magnanime qui nous gouverne
et par la royale maison de France.

On se plaint de la centralisation de toutes
les affaires dans Paris ; on y joint des plaintes
sur la faiblesse et même la nullité des conseils
généraux de département. Le ministère a fait
quelques vains efforts pour sortir de cet état
de gène et de malaise qui mécontente tous
les partis ; il proposa, en 1821, un projet de

loi qui ne fut pas même discuté : il n' était pas conçu d'une manière assez vaste. Cette loi ne considérait les conseils généraux que sous le rapport administratif : cela me paraît une grave erreur. Dans toutes les crises politiques, dans les circonstances les plus fortes, on a toujours porté les yeux vers ces assemblées : on les a mises en permanence ; et même, dans les momens les plus terribles de la révolution, elles ont cherché d'elles-mêmes à sauver l'État ; mais elles étaient trop faibles.

Dans un empire bien constitué, il doit y avoir quelque part, en réserve, si je puis m'exprimer ainsi, un moyen de résistance pour les crises imprévues ; il faut qu'une révolution, faite par un coup de main dans la capitale, ne soit pas une révolution dans l'empire ; il faut absolument ôter à la capitale ce triste et malheureux privilége ; et, certes, aucune ville de France ne verrait ce changement de choses avec une plus grande joie patriotique que la capitale elle-même.

Dans le tems extraordinaire où nous vivons,
quand nous avons vu quelques factieux en
Amérique, comme en Europe, oser parler au
nom d'un peuple entier, et improviser une
révolution en quelques heures, il faut établir
les choses de façon qu'ils sachent d'avance que
ce qu'ils auront fait dans la capitale n'est
point achevé, que Paris n'est point la France,
et que des hommes généreux sont placés dans
toutes les provinces dans une telle situation,
qu'ils pourront mettre en mouvement de grands
moyens de résistance, et appeler au secours de
la patrie les vrais Français. Je parle d'après
une conviction intime. Les germes empoison-
nés sont profondément enracinés ; ils produi-
ront un jour ce qu'ils ont produit dans tous
les tems, dans tous les pays. Je ne sais pas
raisonner comme ceux qui croient à chaque
nouveau succès, que tout est fini, qu'on ne doit
plus concevoir aucune crainte. Rien n'est fait,
tant qu'il reste à faire, me paraît la seule maxime
digne d'un homme attaché à son roi et à son pays.

Toutes les fois que, dans une monarchie libre, on forme des institutions, il faut examiner attentivement si elles sont à la fois monarchiques et protectrices des libertés publiques, à quels hommes elles donnent le pouvoir, ce que feront probablement ces hommes, non-seulement dans les tems ordinaires de la paix, mais encore dans les crises qui peuvent menacer et les libertés et la monarchie ; car, on ne peut trop le répéter, les choses ne sont rien, les hommes sont tout : les lignes écrites n'ont aucune force par elles-mêmes ; et ajoutons, en rougissant, les sermens, parmi nous, ne leur prêtent qu'un bien faible appui.

Ainsi, dans une monarchie libre, créer une institution, c'est placer des hommes dans des situations tellement combinées, que, suivant toutes les probabilités, ils seront des appuis des libertés et de la monarchie. Je ne fais aucune exception à cette règle ; la dernière municipalité doit être considérée, sous ce rapport, comme celle de la capitale.

Telle est l'idée que je me suis faite de l'excellence du gouvernement qui nous est donné par la Charte, qu'il se présente toujours à mon esprit avec la majesté, la grandeur et la vraie liberté. Eh ! quelle plus forte preuve voulez-vous de l'excellence du gouvernement représentatif, que ce monument précieux, sorti tout à coup, par une espèce de miracle, du gouffre où sont englouties tant de richesses littéraires de l'antiquité ? Et, par un autre prodige encore, dans cet ouvrage si mutilé par le tems, sont conservés des fragmens authentiques, où la voix imposante de Cicéron nous apprend que les grands hommes de son tems s'étaient formé une idée très-juste de cette espèce de gouvernement, et le préféraient à tous les autres ; là, aussi, vous trouvez une peinture hideuse et terrible des maux enfantés par la démocratie. Quels meilleurs juges que ces grands personnages de l'antiquité, témoins et victimes des fureurs populaires !

Attachons-nous donc à conserver la Charte à

laquelle nous devons ce gouvernement ; et, pour la conserver, que des institutions fortes la défendent contre l'esprit de la démocratie : la démocratie en est sans doute un des élémens ; mais elle tend sans cesse à la détruire ; elle doit être arrêtée par des obstacles qu'elle ne puisse jamais renverser.

Je vais donc chercher quels sont les appuis naturels de l'autorité royale. Je prouverai qu'ils sont en même tems les appuis des libertés publiques : autorité royale et libertés publiques, voilà tout l'esprit de la Charte ; de là découlent toutes mes pensées, parce que, dans les institutions que nous devons former, je veux placer les appuis de ces deux élémens sacrés du bonheur et de la grandeur de ma patrie.

La chose essentielle et principale à chercher dans une monarchie libre, n'est pas la certitude que l'autorité royale ne sera jamais attaquée : vainement la chercherait-on ; mais la certitude que toutes les fois que l'autorité royale sera attaquée, elle sera secourue.

Dans les tems reculés, et long-tems encore
après, quand des discordes civiles troublaient
la France, des hommes puissans levaient des
troupes, secouraient ou attaquaient l'autorité
royale. Sans doute, il était déplorable qu'elle
fût attaquée; mais elle était défendue : il y avait
partage; et cela suffit pour l'autorité royale. Le
poids qu'elle met dans la lutte est immense ; il
suffit qu'elle soit secourue, pour triompher; et
saint Louis, tirant l'épée, à quatorze ans, contre des vassaux rebelles, ne manqua point de
défenseurs. Bien plus, des hommes puissans
par leur naissance et leurs dignités, ne cher-
chaient jamais à détruire entièrement l'autorité royale ; ils menaçaient ou combattaient,
pour forcer cette autorité à leur donner
plus de puissance ou d'honneurs ; mais ils
ne pouvaient avoir le dessein d'anéantir
un trône, dont ils voulaient être une éma-
nation plus ou moins directe, plus ou moins
élevée : ils attaquaient le pouvoir, et non
la monarchie, ni le monarque : aussi avions-

nous des guerres civiles sans révolutions.

Mais une semblable situation était fatigante et souvent dangereuse. On chercha à détruire la puissance des grands ; on voulut même diminuer le pouvoir des premiers corps de l'État et des corps inférieurs qui venaient après eux : ce fut l'ouvrage de plusieurs siècles. Tout le monde sait comment on y parvint, et quel ministre porta plus loin qu'aucun autre, le désir passionné, autant que dangereux pour le trône, de ne laisser à l'autorité royale ni obstacle, ni résistance ; il forma, suivant l'expression du cardinal de Retz, dans la plus légitime des monarchies, la plus scandaleuse et la plus dangereuse tyrannie. Montesquieu croit qu'il en vit tous les inconvéniens ; mais qu'il n'y trouva qu'un remède vain et illusoire.

Ce n'est pas le moment d'examiner quelle fut sa marche, quels en furent les résultats. Toujours est-il certain que tout était abaissé en France, longues années avant la révolution.

Les rois, en détruisant tout autour d'eux, travaillaient, sans le vouloir, à se détruire eux-mêmes. Ils restèrent seuls grands, seuls puissans ; et de ce jour, chose remarquable, ils manquèrent de défenseurs : ils étaient environnés de courtisans ; mais des courtisans ne sont point des défenseurs. En vivant à la cour, les premiers personnages de l'État s'étaient réduits à n'avoir plus que leurs noms ; ils avaient renoncé à la qualité d'hommes puissans, à l'empire qu'ils avaient sur d'autres hommes : ils n'eurent plus que leur seule épée à offrir au monarque.

Les rois restèrent donc seuls ; et seuls, n'ayant plus qu'un reste de prestiges pour défense, ils voyaient s'avancer vers le trône l'esprit formidable des innovations qui envahissait toutes les classes, déplaçait, dénaturait toutes les idées, au point que le célèbre Burke disait, en 1780, qu'il avait trouvé la cour du roi de France républicaine.

La monarchie était donc dénaturée, lorsque

(17)

l'Assemblée constituante porta, au dernier de-
gré, ces tristes résultats des travaux de plusieurs siècles ; elle ne laissa plus subsister que
la Nation et le Roi. Dès lors, le roi fut entièrement isolé, et ne vit plus un seul homme, qui,
par sa propre force, pût être son défenseur ;
dès lors disparut entièrement cette antique situation de nos rois, *certains d'être défendus
toutes les fois qu'ils étaient attaqués.*

Le monarque, par le travail des siècles, autant que par les erreurs de l'Assemblée constituante, se trouva donc seul au milieu d'un
peuple immense, et l'on sait quels en furent
les épouvantables résultats. Lorsqu'il fut en
danger, surtout après l'horrible journée du 20
juin, la partie saine de la nation se présenta
pour le soutenir. Les administrateurs eurent,
presque partout, la conduite la plus énergi-
que : les armées, le commerce, les bons députés, la bourgeoisie de Paris, la noblesse,
les membres de l'Assemblée constituante qui
avaient conservé du crédit, tout s'éleva contre

2

les factieux, tout les combattit vigoureuse-
ment. L'esprit public, j'en ai rassemblé les
preuves, l'esprit public fut admirable. Tout
fut inutile. Pas une grande autorité, pas un
homme puissant, pas un général, pas un co-
lonel ne fut assez influent sur une certaine
portion d'hommes, pour les réunir sous sa
propre bannière, et pour marcher avec eux au
secours de l'autorité royale.

Jamais une opinion nationale ne s'était manifestée avec tant de force ; jamais aucun monarque ne reçut tant de preuves d'un dévoué-
ment d'autant plus réel , qu'il était inspiré
surtout par l'horreur et la crainte que ressentait
toute la France alarmée des progrès et des desseins d'une faction puissante. Accord admirable,
mais inutile, parce que l'action manqua entièrement. Qu'on parle maintenant de la puissance de la saine partie du peuple dans les révolutions; qu'on proclame fastueusement cette
opinion publique la reine du monde ! son
sceptre n'est qu'un faible roseau qui se brisera

dans les mains des monarques insensés qui ne s'appuieront que sur lui.

Ce concert du fond des cœurs existait. Il n'a pu produire que des actes isolés de dévouement, de grandeur et d'héroïsme. Des milliers de victimes ont laissé à la nation l'héritage de la gloire acquise par une mort courageuse ; mais aucune masse assez considérable n'a pu se réunir, aucun effort général n'a pu être tenté. Pourquoi ? parce qu'un long travail de plusieurs siècles , poussé trop loin , avait détruit les hommes considérables et placé les anciens corps éminens dans une situation qui venait d'amener leur ruine ; parce qu'enfin on n'avait laissé subsister que deux choses : *La Nation et le Roi.*

Qu'on ne parle point, dans de telles circonstances , du pouvoir des lois, de l'honneur, du serment, des vertus les plus magnanimes : tout cela ne peut réunir les hommes quand ils ne trouvent pas de chefs ; il faut aux hommes vertueux, pour combattre les factieux , des chefs désignés d'avance par la confiance manifestée du monarque, qui jouissent d'avance de tout l'ascendant nécessaire. Il faut surtout cet ascendant, à cause de l'envie et de la jalousie qui divisent sans cesse et découragent les honnêtes gens. La glorieuse Vendée est une preuve de ce que j'avance. Elle a reconnu des chefs, mais sous la bannière de la religion ; la religion a fait ce que ne pouvaient faire les lois.

Le courage, le zèle des bons français, la résolution décidée d'un grand nombre de chefs. civils et militaires, n'ont rien produit dans les autres provinces, parce qu'aucun chef n'a pu entraîner les hommes qui dépendaient de lui. Dix conseils généraux, s'ils avaient eu une vaste et profonde influence, auraient formé un centre d'action , autour duquel se serait réunie l'immense majorité des bons français. Je sais tout ce qu'on peut dire sur mille raisons qui empêchaient que les choses ne fussent ainsi. Je ne dois ni rapporter ces observations , ni leur répondre. La question n'est point là. Il me suffit

de rappeler que la résistance n'a été entière
nulle part, parce que nulle part la puissance
d'action ne s'est trouvée ; ne nous perdons pas
dans l'examen des détails ; n'accumulons pas les
raisonnemens ; ne considérons qu'une chose ;
arrêtons-y notre pensée.

Point de résistance sans action ; point d'action sans une réunion d'hommes ; point de
réunion sans des chefs influens. J'en conclus
que l'autorité royale a été renversée deux fois ,
parce n'elle n'a pu être défendue par des
hommes ou des corps assez puissans, chacun
dans leurs attributions particulières , pour ral-
lier un certain nombre d'hommes.

Donc, les appuis de l'autorité royale sont des
hommes et des corps considérables et influens,
chacun dans leurs attributions particulières.
Bien plus, je soutiens que les appuis naturels de
la liberté politique, sont des hommes puissans.
Par leur position, ils sont intéressés à défendre
l'autorité royale ; par elle aussi, ils sont intéressés

à empêcher que l'autorité royale ne dégénère en despotisme ; car le premier désir du despotisme serait de les renverser, pour ne plus trouver d'obstacle à son pouvoir, ainsi que l'ont fait imprudemment des rois et des ministres. Le même cercle serait encore parcouru , mais avec bien plus de rapidité que la première fois. Il serait trop long d'en expliquer les raisons. Je dirai seulement qu'elles proviennent toutes de l'excès de la civilisation , qui engendre une certaine mollesse d'esprit parmi les honnêtes gens, et qui surtout enfante la haine de tout ce qui est fort, pour jouir de tout ce qui est agréable.

Dans un pays voisin , le peuple a dû aux barons la première charte en faveur de la liberté. Le trône ne s'y soutiendrait pas sans l'appui des hommes considérables qui forment la Chambre des Pairs , et moins encore peut-être, sans l'appui des membres de la Chambre des Communes, qui appartiennent aux familles des Pairs. Or, si le trône y était renversé ,

la liberté y serait anéantie, comme dans le dix-
septième siècle. Donc, dans ce pays, les hommes puissans sont les appuis de la liberté. Et
remarquez que, par la force des choses, ils sont
à la tête d'une aristocratie qui comprend tout
homme ayant une propriété ou une industrie.

Bien plus encore ; une république même ne
pourrait subsister, sans un patronage exercé
par des hommes puissans. La république d'A-
thènes n'a été florissante que lorsqu'elle a eu
des hommes considérables par leur crédit et
leur puissance. Tel fut Périclès, magistrat suprême pendant près de trente années. Quand
elle les a perdus, elle a été réduite à cet état
honteux, où un joueur de flûte imposait ses ca-
prices au peuple assemblé. De même, la république romaine aurait péri dans les querelles
des patriciens et du peuple, si les patriciens
n'avaient exercé un patronage qui leur donnait
une influence absolue sur la nombreuse foule
de leurs cliens. Pour renverser la liberté, les
tyrans de Rome et de la Grèce n'ont pas fait

autre chose qu'entraîner le peuple à la des-
truction des corps et des hommes puissans. Dès
que le sénat ne fut plus libre et puissant, la
liberté publique fut détruite.

Cette idée dominait tellement les grands de
Rome que, dans la décadence de la république,
les hommes les plus attachés à la liberté, et qui
s'exposaient aux plus grands périls pour la défendre, ne la séparaient jamais de leur dignité
personnelle. Cicéron, Brutus et Cassius joi-
gnaient sans cesse ces deux idées. On le voit
dans leurs lettres, où, à côté de tout ce qu'ils
font ou veulent faire pour la liberté publique,
ils parlent toujours de relever, de conserver,
de maintenir leur dignité personnelle.

L'homme est placé entre deux abimes, le
despotisme et l'anarchie.

Si, dans une république, le peuple n'est pas
contenu par des hommes puissans, elle tombe
inévitablement dans l'anarchie qui toujours
amène la tyrannie d'un seul.

Si, dans la monarchie, l'autorité royale n'est pas défendue par des hommes et des corps émi-nens, elle est bientôt détruite ; et l'anarchie qui la dévore amène le despotisme militaire.

Remarquez que, sous le despotisme de l'Orient, il n'y a de puissance personnelle que dans le despote ; aussi la servitude y règne-t-elle éter-nellement.

Donc, dans quelque état que ce soit, il faut des hommes puissans pour maintenir la li-berté.

Ainsi, mes raisonnemens me conduisent à trouver que les appuis naturels de l'autorité royale, sont aussi les appuis de la liberté pu-blique.

J'espère qu'on n'abusera pas des expressions dont je me sers dans la langue très-peu riche que nous parlons. Si je parle de la grandeur relative que tout, sans exception, doit avoir dans une monarchie, je n'entends pas que le maire d'une grande ville doive rappeler les grands vassaux de la couronne.

Tout ce que je viens d'exposer est conforme
à la Charte. Car, si elle a établi une Chambre
des Pairs, elle n'a pas voulu sans doute l'isoler
de tout autre intermédiaire digne de paraître
après elle. Destinée à être l'appui de la couronne, la Chambre des Pairs doit trouver elle-
même des appuis dans tout ce qui marche après
elle ; et c'est ainsi que des institutions peuvent
former une chaîne forte et indissoluble. L'em-
preinte de la grandeur doit se trouver partout,
dans la Chambre des Pairs , dans celle des Députés, dans le clergé , dans les tribunaux, dans
les administrations.

La question que les ministres viennent d'élever, est tout entière dans celle que je viens
d'examiner. Une monarchie peut-elle se soutenir
sans des appuis vigoureux ? Ces appuis peuvent-
ils être autre chose que des hommes puissans
dans leurs fonctions relatives ? Et, puisque
l'autorité royale est dans la Charte; puisque ,
suivant l'excellente expression anglaise , *le roi
est le chef, le principe et la fin;* puisque, dès

l'instant que son autorité est renversée, les libertés publiques et particulières sont inévitablement ensanglantées par l'anarchie et fou-
lées aux pieds ensuite par le despotisme, nous
devons chercher tous les moyens de maintenir
l'autorité royale. J'agis donc suivant l'esprit de
la Charte, en cherchant ces moyens.

Dans une monarchie, il est naturel à l'homme
qui sent l'énergie de son âme, de vouloir être
placé sous un trône grand et majestueux. Il s'en
estime davantage lui-même. Or, plus est grand
tout ce qui suit le monarque, plus le monarque
est grand; pour avoir une juste idée de la
grandeur royale, il faut la mesurer sur la
grandeur de ceux qui lui obéissent. Un peuple
voisin ne s'estime pas moins, que dis-je ? il
s'estime plus, parce qu'il marche immédiate-
ment après des hommes incapables de composer
sur leur élévation.

En France, au contraire, nous avons vu des
seigneurs se signaler à l'envi par un enfantil-
lage philosophique, et rabaisser eux-mêmes

leurs titres et leurs honneurs. Ils ne purent détruire leur dignité héréditaire, sans détruire leur dignité personnelle.

En Angleterre, dans les discussions civiles, jamais la noblesse n'eut seulement la pensée de céder ses droits. Elle en sortit toujours plus forte et plus dominante dans l'opinion du peuple ; et, comme elle conservait toujours sa dignité, plus les implacables vengeances ont versé ce noble sang, plus il est demeuré respectable aux yeux du peuple. Aussi M. Fox déclare-t-il que les habitudes et les préjugés du peuple anglais sont éminemment aristocratiques.

En me résumant, je trouve qu'en France, avec une persévérance déplorable, on a détruit tout ce qui était élevé, jusqu'à ce qu'on ait eu l'étrange spectacle d'une monarchie composée de deux seuls élémens, *la nation et le roi* ; et qu'aussitôt la royauté, privée de ses appuis naturels, mais vainement garantie par mille sermens répétés tous les jours, fut soudain anéantie, comme frappée d'un coup de foudre.

Je trouve aussi que l'Angleterre présente le plus grand contraste. Tout ce qui est élevé y conserve son élévation ; et cette élévation plaît au peuple.

Je poursuis, et je vois que les deux peuples font entrer l'aristocratie dans les élémens de leur vie politique. Mais là elle existe forte, éminente, s'étend dans tous les intermédiaires qui viennent après la pairie ; ici, elle n'est presque qu'un vain nom.

Maintenant, qui pourrait me faire un crime de chercher à donner des appuis naturels à l'autorité royale?

SECONDE PARTIE.

Comment doivent être faits les changemens que l'on demande? Des Conseils généraux des Provinces. Des Municipalités.

Comment doivent être faits les changemens que l'on demande ?

Les changemens que l'on demande doivent-ils être faits par une loi ou par une ordonnance? Je n'hésite pas à dire qu'ils doivent être émanés de la volonté royale.

En effet, la Charte déclare le Roi le chef suprême de l'État; elle dit qu'il nomme à tous les emplois d'administration publique, et qu'il fait les réglemens et ordonnances nécessaires pour l'exécution des lois.

S'il est le chef suprême de l'État, il est le chef de l'administration. Il n'en serait pas le chef suprême, s'il n'était pas libre dans son action. Pour qu'il soit entièrement libre dans l'action de tous les jours, de tous les instans qui constitue l'action administrative, il faut qu'il règle lui-même les formes par lesquelles il veut administrer.

Le Roi, suivant les expressions de la Charte, fait les réglemens et ordonnances nécessaires pour l'exécution des lois ; or, l'administration exécute les lois ; donc les réglemens pour cette administration qui exécute les lois, doivent être faits par le Roi.

Il en est de même en Angleterre. « Quoique » les lois, dit Blackstone, soient faites par la » puissance législative, toutefois *la manière* » *et le tems de les mettre à exécution* doivent » être laissés à la puissance exécutrice. »

Si une loi sur les administrations était proposée aux chambres, elle pourrait être changée par les amendemens, devenir un instrument démocratique, et préparer au chef suprême de l'administration des résistances, là où il ne doit trouver que des appuis.

S'il avait proposé cette loi, ce serait parce qu'elle lui aurait paru nécessaire, pour lui-même, pour des fonctions inhérentes à sa propre dignité. Il s'exposerait donc à voir changer, dénaturer et même tourner contre lui des choses qu'il aurait conçues pour lui-même, pour l'action dont il est chargé, pour le devoir qu'il veut remplir.

Étrange dignité royale que celle qui, dans le cercle tracé par les lois, n'est pas maîtresse de ses mouvemens, et ne peut régler de quelle manière elle agira ! Singulière monarchie que celle où la couronne, soumise aux lois, protectrice des lois, liée à leur exécution par un serment sacré, serait contrainte dans l'exécution de ces mêmes lois! « Si la prérogative, dit » Blackstone, *n'était pas entière*, le pouvoir de » la couronne ne serait qu'une ombre, et serait » insuffisant pour le gouvernement. »

Le monarque est chargé de l'administration ;

cette prérogative doit être entière. De là découle nécessairement le pouvoir de dire à l'homme qu'il choisit : Je vous donne tel emploi, tel titre, telles fonctions; je vous assigne tel lieu pour votre résidence; j'établis sous vous tels autres agens; votre autorité s'exercera sur telle étendue du territoire. Je vous impose des devoirs; ils sont tracés dans cette ordonnance. Je vous charge de l'exécution des lois que j'ai juré d'observer.

« Dans la monarchie, dit Montesquieu, où » un seul gouverne par des lois fondamentales, » le prince est la source de tout pouvoir poli- » tique et civil. »

Le roi est le chef suprême de l'administration comme des armées de terre et de mer. N'exerce-t-il pas tous les jours le pouvoir incontesté de fixer le nombre des généraux, des amiraux, des régimens et des vaisseaux de guerre? Ne peut-il pas les diviser, les augmenter, les diminuer comme il le juge convenable, assigner aux chefs leurs fonctions dans la paix et

dans la guerre , augmenter ou diminuer le personnel, le matériel du génie , de l'artillerie ,
et le nombre des places fortes ? Son pouvoir
n'est-il pas illimité dans ces choses d'où dépen-
dent la gloire et la sûreté de l'État? Pourquoi
donc vouloir restreindre son pouvoir sur l'administration , sur l'exécution des lois? Cette
exécution fait la force, la puissance , la gloire
de l'État, autant que l'organisation des armées
et des flottes. Par quel motif n'aurait-il pas sur
l'administration le pouvoir qu'il a sur l'armée ?
On ne conteste pas celui-ci ; pourquoi contester
l'autre pouvoir?

Les consuls ont, de leur seule autorité, créé
les préfets et leurs subordonnés. Le gouvernement a joui, jusqu'à la restauration, du droit
de régler le nombre des agens et toutes les formes de l'administration ; il a augmenté, quand
il l'a voulu, le nombre des départemens ; et
l'on contesterait au Roi le pouvoir qu'ont
exercé les consuls! et des voix, silencieuses
alors, s'élèveraient aujourd'hui !

Je sais que des exemples contraires peuvent être cités depuis la restauration. J'en pourrais citer aussi, sous d'autres rapports, qui, contre le texte précis de la Charte, ont affaibli le trône. Mais bien loin que ces exemples doivent être suivis, ils annoncent qu'il faut se hâter de revenir aux vrais principes. Parce qu'on a si imprudemment affaibli le trône, faudrait-il l'affaiblir encore? La gloire et la sûreté de la France qui ne peuvent exister que par la gloire et la sûreté du trône, imposent impérieusement la nécessité que j'ose proclamer.

Quel est le devoir le plus impérieux des ministres ? Ce titre leur impose la loi de ne jamais rien proposer, rien consentir qui puisse affaiblir l'autorité royale. Ils doivent la conserver telle qu'elle est, au moment où ils reçoivent et acceptent du prince la charge de la défendre. Si leur opinion personnelle leur inspirait une pensée qui, sous un rapport quelconque, pût affaiblir la royauté, s'ils étaient même intimement convaincus que cette idée est bonne pour l'État ou pour la royauté en elle-même , ils ne peuvent ni la proposer, ni la défendre, en conservant la place de ministre. Une opinion de ce genre, permise à un pair de France ou à un député, qui ne mettent dans la destinée de l'État que leur opinion personnelle, ne peut être permise à un ministre qui agit et parle comme serviteur éminent de la couronne. Tant qu'il conserve ce titre, il est le défenseur de tous les droits de la couronne , de ceux mêmes qui paraissent de la plus faible importance.

Bien plus, si la pente des conseils dont il est membre, si leur esprit général tend à l'affaiblissement de l'autorité royale, il doit se retirer. Ainsi le veut l'honneur.

Bien plus encore, dans un gouvernement établi par une loi fondamentale, par une Charte que le prince a juré de maintenir , le prince ne peut lui-même consentir à la dimi-

nution de son autorité ; il violerait son serment. Cette autorité est consacrée par le pacte
fondamental. Il ne peut l'augmenter, mais il
ne doit pas l'affaiblir. L'affermir, est son devoir ; la diminuer, serait une trahison envers
lui-même. Ainsi donc, il ne peut jamais donner à ses ministres le droit de consentir à cette
diminution. Or, le Roi a succédé au dernier
gouvernement, relativement à l'administration, dans tout ce qui n'est pas contraire à la
Charte ; donc le roi ne peut diminuer ce pouvoir ; donc les ministres ne peuvent consentir
à cette diminution, sans manquer à leur devoir de conseillers, de serviteurs éminens de la
couronne.

Puisque les ministres ont entamé la grande
question de l'administration intérieure, je les
conjure de la bien examiner sous le rapport
qui leur appartient, comme conseillers du monarque ; de ne pas souffrir que la couronne de-
vienne moins éminente que la toge consulaire ;
de s'armer d'un fort caractère ; de saisir la

gloire qui les attend s'ils fortifient le trône des Bourbons.

Formation des Assemblées provinciales.

Tendez au grand, dit Bossuet ; et je ne peux prononcer cette belle maxime , sans m'arrêter un instant pour avertir les hommes qui sont indifférens sur les droits et la force de la magistrature judiciaire et civile, et de tout ce qui marche après le trône , qu'ils travaillent, sans le vouloir, contre l'autorité royale. Tout se tient dans l'ordre politique ; le gouvernement représentatif n'admet point la grandeur du trône , sans la grandeur de toutes les institutions qui émanent de lui.

Voyons si , d'après cette maxime , *il faut tendre au grand*, nous pourrons former des institutions d'un caractère plus élevé que celles dont on se plaint sans cesse.

La France est divisée en départemens , en arrondissemens et en cantons. Cette division n'est point dans la Charte. Il n'y est dit nulle part : La France est divisée de telle ou telle manière ; on

y voit seulement que la seconde chambre est ap-
pelée la Chambre des Députés des départemens.
Au reste, je ne propose aucun changement
quelconque à cette disposition : je respecte,
non-seulement l'esprit, mais encore la lettre
de la Charte. Les corps électoraux et les députés seront toujours les corps électoraux et
les députés des départemens.

Laissez la division telle qu'elle est, sans aucun
changement quelconque. Ne confondez jamais
deux choses en administration : concevoir et exé-
cuter. Tendez au grand, et n'ayez que cette seule
pensée dans la conception de vos desseins; mais
soyez modéré dans les moyens d'exécution, et
ne blessez aucun intérêt. Les grandes pensées
s'allient merveilleusement à la modération.

Les conseils d'arrondissemens s'assembleraient tous les ans, suivant l'usage actuel; mais,
après leur session, ce ne serait pas le conseil général du département qui s'assemblerait, mais
le conseil de la province. Chaque département
aurait des notables qui s'assembleraient alterna-

tivement dans l'une des capitales de ces départemens.

J'y vois une assemblée imposante, d'antiques
souvenirs de choses glorieuses , accomplies
sous la monarchie. Tout homme qui connaît
l'administration, sait combien toutes les parties
s'aident mutuellement, quand elles ont une
certaine étendue ; les manufacturiers du département de l'Eure ne se plaindraient pas de voir
leurs intérêts débattus , concurremment avec
eux , par des négocians de Rouen et du Havre ,
accoutumés à voir en grand tout ce qui tient au
commerce. Les chemins et les canaux intéressant
une plus vaste contrée , réuniraient sur eux ,
et plus de lumières et plus de moyens ; tout ce
qui tient à l'utilité, et même à l'embellissement,
serait vu plus en grand, et exécuté dans de plus
belles proportions ; dans les calamités , les ressources seraient plus fécondes , les représentations plus imposantes ; et, dans ces crises politiques où vous avez vu toujours mettre les
conseils généraux en permanence, la voix du

monarque, s'adressant à une province, aurait plus de majesté ; la réponse serait plus
digne de la demande, et les efforts proportion-
nés, non-seulement aux besoins de l'État, mais
à la noble fierté qu'impose à la province l'émi-
nence de son nom et l'étendue de ses moyens.

Dans ces assemblées, tous les états devraient
être représentés : le manufacturier, l'agricul-
teur, le commerçant et l'armateur. C'est là
qu'on doit chercher soigneusement la repré-
sentation de tous les états, et non dans la
Chambre des Députés, dont les membres doivent appartenir à la France entière, s'occuper
des intérêts généraux, de la gloire générale de
la France, et non pas être les hommes des arrondissemens. C'est dans ces grandes assemblées
de provinces que l'on combattrait avec succès tous ces petits projets et ces fausses direc-
tions, presque toujours inspirés par des hommes
à théorie, et par d'autres encore qui savent
faire servir les théories à des spéculations particulières et lucratives. Je suis convaincu que

des choses qui gênent et découragent le commerce ou l'agriculture, ne résisteraient pas long-tems aux graves représentations et à l'ascendant du conseil général d'une province. Il opposerait avec tout le poids du nom de la province à des hommes qui s'attachent aux idées spéculatives, les noms de Sully et de Colbert, de Henri IV et de Louis XIV.

Les ressources seraient aussi plus étendues, parce que chaque province ferait usage de celles qui lui sont propres, et les trouverait souvent dans des moyens que repousseraient les préjugés et les habitudes d'une autre province. On n'imagine pas à quel point cette manie de tout assimiler en France diminue les ressources de ce grand royaume.

Des personnages éminens, nommés par le Roi, ouvriraient ces assemblées, accompagnés des préfets, et les présideraient pendant toute la session. Ils mettraient dans cette solennité un appareil digne du monarque qu'ils repré-

senteraient. Les évêques, les présidens et pro-
cureurs-généraux, les commandans militaires,
les maires des grandes villes, devraient avoir,
dans cette séance, des places convenables à
leurs fonctions. On verrait donc des choses
grandes, des cérémonies politiques imposantes,
dans les provinces comme dans la capitale. Le
président, nommé par le roi, pourrait être
nommé à vie. Il aurait alors un titre honorable, tel, par exemple, que celui de grand sénéchal de la province. Pensez-vous que l'homme
éminent qui remplirait de telles fonctions
ne serait pas d'autant plus attaché à une
monarchie qui l'élève ainsi à ses propres
yeux et aux yeux de ses concitoyens ? Pensez-
vous que le guerrier, dont le nom rappelle la
gloire, ne serait pas satisfait de sa situation
personnelle, sous un roi qui lui confie de si
hautes fonctions ? Dans tout pays, les hommes éminens en dignité veulent être occupés
d'une façon digne du rang qu'ils ont reçu hé-
réditairement, ou qu'ils obtenu par de grands

services. L'oisiveté continuelle les fatigue, leur donne un certain malaise qui produit la critique et enfante le mécontentement. L'occupation pleine de dignité qu'ils désirent, est dans la nature propre de leurs situations. L'art de satisfaire les désirs raisonnables, est l'art d'agrandir la monarchie et de lui donner des serviteurs fidèles.

Le chef du dernier gouvernement avait conçu la force du principe que je viens d'établir. Mais son plan manquait de concordance dans ses parties. Les sénateurs, ainsi transplantés dans les provinces, étaient ouvertement les hommes du gouvernement, et cependant ils n'avaient aucune fonction; ils étaient trop sous un rapport, et pas assez sous un autre. Reçus avec appareil, avec d'éclatans honneurs, environnés le premier jour de tous les fonctionnaires publics, le lendemain ils n'étaient plus rien. Leur présence encourageait les plaintes, inquiétait les autorités. Ils se bornèrent à prêter leur appui à de justes réclamations, exposèrent les besoins de la contrée et demandèrent des secours.

Enfin, et c'est ici que je dois placer cette observation importante, dans le plan que je viens d'exposer, la capitale n'aurait pas une prépondérance illimitée ; les provinces pourraient la balancer. Il ne suffirait pas à des factieux de faire réussir un mouvement séditieux à Paris, pour qu'il se propageât à l'instant par toute la France, et que partout les têtes se courbassent sous le joug de leur volonté.

L'égalité absolue des choses et des personnes est la mort de la monarchie et des libertés publiques. Elle produit infailliblement cette anarchie impétueuse qui lance les factieux sur la proie qu'elle a dépouillée de ses défenses naturelles. Ils le savaient bien, les hommes qui ont régné pendant la terreur ; ils voulaient que les villes mêmes fussent égales entre elles. Ce mot seul leur paraissait un titre orgueilleux et coupable ; Paris n'était qu'une commune, comme Vaugirard, et un proconsul croyant

anéantir l'illustration de Marseille , l'avait ap-
pelée la ville sans nom, tant ne trouvait plus
de bornes la frénésie de tout courber sous le
même niveau.

Avant la révolution, au contraire , tout était
différent dans les hommes et dans les coutumes,
dans les cités et dans les provinces; tout était
plein de sève, de vie et de mouvement ; c'est
une loi de la nature , et c'est elle qui en fait
une loi à la politique.

C'était alors que la ville de Marseille dominait en souveraine le commerce de l'Orient ; que
Dunkerque, dont l'histoire maritime, éton-
nante à chaque page, est la gloire de la marine
française, redevenait encore pour l'Angleterre
l'objet d'une inquiète jalousie ; c'était alors que
Bordeaux s'élevait comme une nouvelle Tyr,
et couvrait l'Océan de ses pavillons. C'était alors
aussi que les états du Languedoc et de l'Artois
donnaient l'exemple de leur belle administration.

Je vous prie de ne pas oublier que, dans le

plan que j'expose sous vos yeux, je ne change
aucune circonscription existante; je ne blesse
aucun intérêt de cités ou de cantons; je ne
présente aucun changement quelconque dans
la partie agissante de l'administration locale ;
je ne touche qu'au sommet de la partie délibérante de l'administration. Il est de petites provinces qui ne forment qu'un département ;
d'autres qui en forment deux. Le changement
que je propose n'y aurait d'autre effet que de
faire entendre encore aux habitans le nom antique et cher de leur province. Je rappellerai
ici ce qu'a dit un député du côté gauche dans
un discours sur l'administration : *rendez-nous
plutôt nos états de Béarn.*

Ces conseils généraux de la province ne seraient chargés que de la partie délibérante. Il
est inutile de dire que l'exécution administrative ne peut appartenir qu'à des magistrats
nommés par le Roi. Au reste, une seule ré-
flexion suffit pour qu'il soit impossible d'assimiler ces assemblées aux anciens états des provin-

ces. Les états votaient des impôts pour le gouvernement. Ce droit n'appartient qu'aux deux Chambres.

Maintenant, à tous les avantages que je viens d'exposer, je vais joindre des considérations d'une nature plus élevée. Et, d'abord, sans envelopper ma pensée sous un voile plus ou moins épais, je soutiens que l'aveugle inexpérience ne pouvait inventer un instrument plus terrible d'anarchie dans de certaines circonstances, et de despotisme dans d'autres, que la transformation d'un grand empire en échiquier, et la division de son territoire en cases plus ou moins grandes. Elle fut instrument et cause d'anarchie sous toutes les assemblées, jusqu'au Consulat; elle fut instrument de dèspotisme sous le dernier gouvernement; et à la fois, ensuite, instrument de despotisme ministériel et d'anarchie.

Bien plus, cette division est un moyen certain de refroidir le feu sacré de l'amour de la patrie. Qui ne sait que l'amour de la patrie est

plus faible, plus rare, plus difficile à entre-
tenir, à réchauffer dans un grand empire que
dans un petit état, et même que dans une seule
cité? Chaque page de l'histoire en présente la
preuve. L'amour de la patrie, dans un grand
empire, a beaucoup de rapport avec le feu qui
anime le cosmopolite. L'an et l'autre s'affaiblissent en s'étendant. Il faut donc aimer sa famille et sa province, avant d'aimer sa patrie ;
et, comme il est impossible d'agir à la fois sur
un grand empire, comme il faut nécessairement diviser l'action sur diverses parties, afin
d'imprimer le mouvement à tout l'ensemble, il
est nécessaire, pour imprimer cette action aux
diverses parties, qu'elles soient susceptibles
d'une certaine chaleur vivifiante, qu'elles aient
un nom commun et cher, qu'elles trouvent un
centre d'union et de ralliement dans des souvenirs antiques et glorieux, il faut que ces souvenirs soient historiques et soient facilement
rappelés. Or, je le demande, les mots de Seine-
inférieure, de l'Eure et du Calvados, présentent-

4

ils la même idée que le nom de la Normandie ?
Les dénominations du Finistère , de la Loire-
inférieure et du Morbihan , rapellent-elles la
gloire de la Bretagne ? L'action divisée du gouvernement, obligé de se servir de ces expressions
qui ne présentent aucun sens à l'esprit , aucune idée noble à l'àme ; sera-t-elle aussi forte ,
aussi imprimante que lorsque , d'un seul mot ,
grand et célèbre , il appellera les Bourguignons
ou les Provençaux à son secours ? Le chef du
dernier gouvernement l'avait bien compris ; et,
plus d'une fois , pour fixer la victoire , il s'est
servi des anciennes dénominations. D'autres
fois , dans des ordres publics , il a désigné les
préfets par la capitale de leur département.
Les membres de la Convention , qui cher-
chèrent un appui contre elle dans les provinces , ont éprouvé la vérité de ce que j'a-
vance : plusieurs départemens se sont dé-
clarés pour eux ; ils n'ont pu y trouver un
appui solide. Si la province , avec tout le
poids de son antique et grand nom, s'était

(51)

déclarée, ils auraient peut-être écrasé la Convention.

Ainsi donc, j'étends aux provinces tout ce
que j'ai dit sur les hommes et les corps éminens.
Elles seraient l'un des plus fermes appuis de
l'autorité royale. Tel ne sera point l'avis de ces
hommes qui, ne pouvant élever leurs pensées
jusqu'aux grandes considérations des mœurs et
du caractère des peuples, veulent les réduire
aux mêmes dimensions, et proscrire les goûts,
les usages, les habitudes, tout ce qui rappelle
ou une antiquité respectable ou une gloire his-
torique.

Cependant, et je prie d'accorder quelque
attention aux maximes suivantes, l'art de gouverner, qui consiste à réunir toutes les parties,
tous les caractères, toutes les passions vers une
action commune, n'est pas l'art de forcer toutes
les parties à devenir identiques ; mais l'art de
forcer toutes les parties, en conservant et for-
tifiant même leurs différences, à concourir aux
mêmes résultats.

Voilà pourquoi le gouvernement autrichien a de grands avantages qui lui sont particuliers. Tout y est différent. Chaque partie jouit sans alarme de sa manière propre d'exister, de ses usages, de ses priviléges, concourt sans gêne à l'action générale, et sans aucun sacrifice de ce qui fait son essence, aux sacrifices communs. Aussi, cette monarchie étonne-t-elle toujours par les ressources qu'elle trouve dans ses revers; et c'est dans les revers qu'il faut juger du nerf des empires. Je ne craindrai pas d'ajouter que, si cet empire conserve cette manière d'exister, il sera toujours à l'abri des révolutions.

Ce grand art de réunir les parties différentes dans un centre d'action commune, est l'art que Bossuet admire dans les Romains; c'est là proprement l'art de gouverner. Ce n'est pas le nôtre depuis la révolution. Nous n'avons su que forcer tout le monde, dans un grand empire, à prendre, pour ainsi dire, le même visage, à ne connaître que la capitale, à voir ses destinées, ses affaires dans la capitale; et toujours la capitale ! et de cette domination de la capitale, est résulté le pouvoir des factieux et l'esclavage de la France, au 10 août, et pendant la terreur, comme au 13 vendémiaire, comme au 18 fructidor. N'est-il pas honteux que des factieux puissent penser qu'un coup de main heureux dans Paris changerait le gouvernement, et qu'ils puissent propager cette crainte dans les bons citoyens, cette espérance dans les mauvais ?

Mais il est encore une autre manière non moins importante d'envisager cette observation. La maladie de l'Europe, et surtout de la France, est cette maladie profonde, incurable, qu'enfante l'excès de la civilisation. Aux caractères vigoureux elle fait succéder des caractères énervés, comme aux muscles roidis des muscles détendus; elle met la mollesse dans les âmes, la subtilité dans l'esprit; elle substitue le raisonnement sur ce qui est bien, à l'instinct mâle du bien; elle a créé le honteux vote secret qui se trouble, se cache, promène autour de lui

des regards inquiets, et trouve la lumière du
jour trop éclatante ; elle enfante les petites hai-
nes, les petites jalousies, les petites rivalités ,
les basses manœuvres, les tortueuses intrigues;
elle engendre la crainte ; et aussitôt la faiblesse
devient une puissance,

Tyran qui cède au crime et détruit les vertus,

Or , cette épouvantable maladie domine
surtout dans la capitale. C'est de là qu'elle
se répand dans les provinces, qu'elle y cor-
rompt la vigueur native d'un Breton ou d'un
Provençal. Et savez-vous ce que doit enfanter
cette faiblesse générale ? Le joug le plus honteux, le joug des coteries de la capitale.; et
ensuite inévitablement un despotisme de la
même espèce ; non pas le despotisme d'un gouvernement décidé qui marcherait à son but
avec une noble vigueur ; mais ce genre de
despotisme qui s'établit par les petites insinua-
tions, par les calomnies, en répandant les

soupçons et la défiance parmi les hommes qui
ont quelque force, et surtout en excitant la
faiblesse de l'esprit contre la hauteur de l'âme.

Je ne connais qu'un moyen de remédier à la
honteuse maladie que je viens de décrire. C'est
d'établir dans les provinces des assemblées imposantes, d'y accorder des honneurs inhérens
aux localités mêmes, de balancer la capitale
par les provinces, afin de combattre l'esprit in-
fect de nos coteries par l'instinct et le bon sens
provincial.

Ainsi, je demande les provinces, pour résister aux factieux dans les crises politiques, et
pour balancer les intrigues des coteries de la
capitale par le bon sens des provinces. Les
intrigues sont cent fois plus pernicieuses à un
État que les factions. Les intrigues se trament
dans les ténèbres; on ne peut ni les voir, ni les
combattre : les factions marchent à découvert;
on les voit, on peut les combattre; et si l'on
n'a pas assez de courage pour les attaquer, on
ne doit s'en prendre qu'à soi-même. Les fac-

tions donnent de la force , et à ceux qui ont le malheur d'y entrer et à ceux qui ont la gloire de leur résister ; mais les intrigues affaiblissent, dégradent et déshonorent le caractère national. Aussi un Anglais disait-il, avec une juste fierté : Nous sommes quelquefois factieux , jamais intrigans.

Plus j'ai réfléchi sur la révolution, plus je me suis convaincu que , si les grandes provinces n'avaient pas été détruites, la révolution n'aurait pas tout dévoré ; les factieux auraient été arrêtés dans leur marche , et la Convention n'aurait pas existé.

Après l'affreux attentat du 20 juin , presque toutes les administrations départementales poussèrent un cri d'horreur , et prirent les mesures les plus énergiques. Les grandes municipalités les secondèrent. Je prie d'accorder quelque confiance à l'assurance que je donne d'avoir rassemblé ces monumens de l'honneur français. Si tous ces actes courageux de résistance avaient été appuyés sur les noms imposans des grandes provinces, et avaient joint aux nobles motifs qui animaient leurs administrateurs, l'importance de l'adhésion de ces peuples, qui doute de l'effet irrésistible qu'ils auraient produit ? Des hommes, réunis par ces grands noms, auraient plus vivement senti l'injure que leur faisait une poignée de factieux, qui, parce qu'ils dominaient une vaste cité, voulaient dominer tout l'empire. La résistance proportionnée à l'indignation, la terreur des factieux proportionnée à la grandeur de la résistance, auraient changé les destinées de la famille royale. Le département de la Somme fut le premier qui mit ses gardes nationales en réquisition, toutes les autorités en permanence, et qui envoya deux députés auprès du Roi, pour veiller à sa sûreté. Qu'on pense aux suites probables d'une telle fermeté, déployée par une grande province, et imitée par les autres!

Mais, après avoir substitué les conseils gé- ^{Des Municipalités.}

néraux des provinces à ceux des départemens ,
ne craignez point de penser à l'élévation des
charges municipales. Ce fut la pensée dominante de Philippe-Auguste, quand il créa les
places de prévôt des marchands dans deux
grandes villes. C'était une pensée féconde de ce
monarque, de substituer au nom de maire celui
de prévôt des marchands, afin d'ennoblir et
d'encourager le commerce. Les honneurs et
l'autorité qu'il lui confia avertissaient sans
cesse et les habitans et leur magistrat de l'importance que le monarque attachait au commerce.

En méditant mon sujet, je me suis convaincu
qu'il faut distinguer soigneusement la nature
des fonctions des conseils généraux d'arrondissement et des provinces, de celles des maires
et surtout des maires de grandes villes. Je crois
que ceux-ci peuvent être les hommes de la
cité, et qu'ils peuvent être nommés par les
habitans; mais je voudrais que ce droit d'élection fût une faveur du monarque , qu'elle

fût accordée par lui, et que la ville reçût en même tems, dans une charte royale, le règlement des formes particulières par lesquelles le maire serait élu, sous la condition nécessaire de l'approbation royale. Une ville commerçante et maritime, une autre toute manufacturière, et une troisième, située dans l'intérieur, sans commerce et sans industrie, devraient avoir des formes différentes d'élections. C'est au monarque à prescrire la forme d'exécution de la faveur qu'il accorderait. Ainsi l'avaient établi nos aïeux ; et, je l'avouerai, j'y trouve un heureux accord de ce que peuvent désirer les habitans d'une grande ville, et de ce qui est dû au monarque d'un grand peuple. C'est ainsi qu'en Angleterre les droits des villes sont assurés par des chartes particulières qu'a données le monarque.

Mais il me semble qu'une forte raison doit repousser la forme des candidats. On peut, ainsi qu'il est souvent arrivé, présenter deux hommes incapables, et forcer ainsi le choix du

(60)

roi sur un troisième candidat. Cette contrainte
me paraît outrageante envers la majesté royale:
Henri IV le sentit vivement dans une occasion
importante, et fit recommencer les élections.

Il me paraît plus respectueux de nommer le
maire et de le présenter au roi, qui l'accepte
ou ordonne de nouvelles élections. C'est l'usage
constant de l'Angleterre pour une place bien
plus importante, celle de l'orateur de la chambre des communes. Si cette forme était adop-
tée, les notables des villes s'exposeraient bien
rarement à voir leur choix repoussé par le monarque.

Dans les provinces, des villages qui ne peuvent s'administrer eux-mêmes, par des raisons
diverses qu'il est inutile de détailler ici, devraient être réunis par un centre commun
d'administration : il suffirait d'un chef consi-
déré dans la province, auquel le roi confére-
rait un titre honorable, tel que celui de président municipal.

Les villes qui désireraient obtenir le réta-

blissement des corporations d'arts et de métiers,
pourraient en faire la demande dans les formes qui seraient prescrites : le conseil général
de Paris en a renouvelé le vœu formel dans
trois sessions consécutives.

« Le droit d'accorder des priviléges, dit
» Blackstone, appartient au roi ; il peut for-
» mer l'union de plusieurs de ses sujets, sous
» le nom de communauté. Le pouvoir dont
» le roi jouit d'établir ces corporations, est
» fondé sur ce principe, que le roi seul ayant
» l'administration du gouvernement, est le
» meilleur et le seul juge des avantages que
» la société peut retirer de leur établissement,
» et de la destination qui convient le mieux
» pour le bien public à chacun de ses sujets
» en particulier. »

Le roi rendrait aux villes les anciens honneurs accordés à leurs magistrats : ils furent
le prix de services rendus par elles ; ils rappe-
laient de nobles souvenirs ; qu'ils les rappellent
encore, et soient pour les habitans de ces villes

des monumens toujours subsistans des vertus
de leurs aïeux ; que ces places municipales,
ainsi honorées , puissent être désirées par les
personnages les plus éminens.

Bordeaux accorda jadis l'honneur de sa mai-
rie au maréchal de Matignon et au célèbre
Montaigne. Que les villes soient fières de leur
droit de cité, et qu'en le conférant à un étran-
ger, elles lui confèrent un véritable honneur.
En Angleterre, des villes accordent le droit de
bourgeoisie aux généraux et aux amiraux, après
une victoire éclatante. Eh ! quel Français, illus-
tre par ses services, ne regarderait pas comme
le plus grand honneur, le droit de bourgeoisie
dans la cité de Lille qui a reçu, du prince que
nous pleurons encore, un si glorieux souvenir,
et qui possède une partie de lui-même, ses en-
trailles, où, suivant l'admirable expression de
Bossuet, Dieu mit la bonté !

Jamais il n'y eut de noblesse plus fière que
les patriciens de Rome : ils étaient aussi puissans que des rois ; et cependant ils recevaient

les titres et les droits de cité des plus petites
villes ; ils agrandissaient cet honneur par leur
fidélité à remplir leurs engagemens envers elles;
ils soutenaient avec chaleur les intérêts de la
cité, regardaient son patrimoine comme leur
bien propre, le défendaient avec autant de
zèle, et se faisaient ainsi un noble protec-
torat.

Tout doit être différent et inégal dans l'ordre
social ; mais tout doit s'unir pour un but commun, la prospérité générale ; et toute cette
inégalité, bien entendue, forme une véritable
égalité devant la loi et devant le monarque,
parce que nul n'est plus protégé, n'est plus
rassuré que tout autre, dans la conservation
des droits inhérens à sa position personnelle
dans l'État. Les hommes qui n'ont que le droit
de cité, seront fiers de voir le droit qu'ils pos-
sèdent regardé comme un honneur par un per-
sonnage éminent, et former ainsi une sorte d'é-
galité entre eux et lui.

Que le monarque donne à chaque état, à cha-

que profession toute l'importance , toute la
splendeur qui lui est propre : c'est là le véritable esprit de la monarchie ; c'est aussi le seul
moyen d'arrêter ce désir violent de sortir de
son état , et cette ambition effrénée de s'é-
lever , qui est une des maladies du corps
politique. La révolution l'a enfantée parmi
nous ; on ne veut la démocratie, qu'afin de
ne trouver aucun obstacle à de nouvelles am-
bitions.

Assez long - tems nous avons donné à l'Europe le spectacle politique le plus étrange. Re-
venons enfin aux choses positives; examinons-
les en elles-mêmes; consultons l'expérience des
siècles ; couvrons sans cesse de nos regards dou-
loureux les trente dernières années, et surtout n'ayons pas peur. C'est vous, répondrai-je
à ceux qui pourront craindre un projet si sim-
ple, c'est vous qui ne voulez point la Charte,
puisque vous ne voulez point ce qui établit une
vraie monarchie : c'est moi qui veux la Charte,
puisque je cherche de bonne foi tout ce qui

peut former une monarchie grande et majes-
tueuse.

Vous êtes Français, et vous refusez de donner
au gouvernement des appuis généreux qui exis-
tent par le trône et pour le trône, qui forment
avec lui et avec les chambres une chaîne non
interrompue.

Vous appartenez à de grandes provinces. Là
sont vos foyers domestiques, vos familles, votre
patrimoine, et vous ne voulez pas y rappeler
leur antique gloire, leurs honorables souvenirs, et voir tous leurs avantages particuliers
défendus et agrandis par une assemblée forte
et respectable ! Vous vous plaignez tous les
jours d'une centralisation fatigante et intermi-
nable, et vous ne voulez pas la faire cesser !
car il n'y a pas d'autre moyen de la détruire,
que d'avoir des assemblées imposantes par leurs
attributions et respectables par leurs honneurs.
Vous vous plaignez que tout vient à Paris, et
vous ne voulez pas attirer dans les provinces les

grands propriétaires par l'espoir d'y remplir des fonctions élevées !

Quant à moi, convaincu , comme je le suis, que l'inviolable sainteté du trône est la garantie la plus certaine de la liberté publique et particulière, et que, réciproquement , la grandeur et la force de tout ce qui marche après lui est la seule garantie de la stabilité du trône, je veux relever les institutions qu'on a abaissées, agrandir ce qu'on a fait petit ; je veux, dans le corps politique, de belles et grandes proportions ; dans les membres, du nerf et des sucs abondans, afin d'avoir un ensemble plein de force , de fierté et content de lui-même.

Les desseins élevés, disait Louis XIV dans un Édit, plaisent aux courages magnanimes ; et, long-tems médités, ils sont toujours suivis du succès.

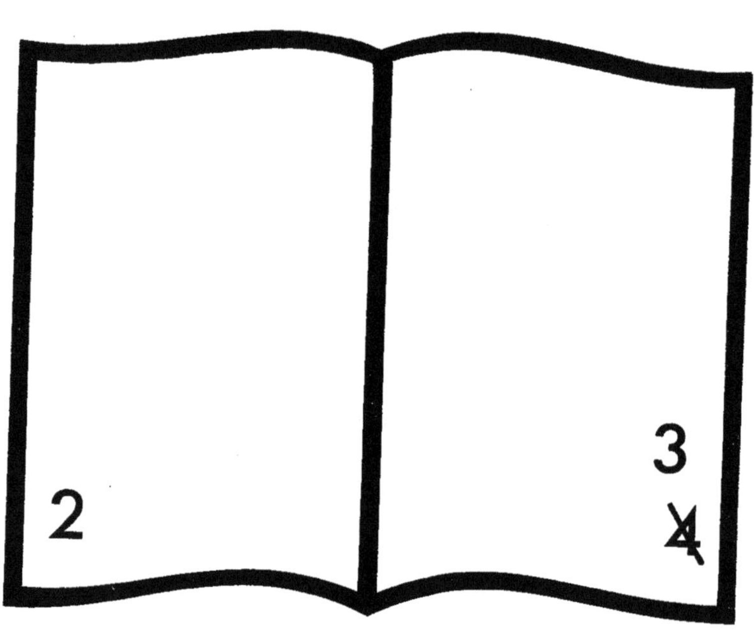

2
3
4

PROJET

D'ORDONNANCE ORGANIQUE

DE

L'ADMINISTRATION DÉPARTEMENTALE.

Je n'ai point la présomption de présenter ce projet tel qu'il devrait être : je veux seulement donner une idée juste du plan que je viens de proposer. Je citerai d'abord ces paroles de la déclaration de Louis XVIII, concernant la Charte.

« Nous avons cherché les principes de la
» Charte constitutionnelle dans le caractère
» français et dans les monumens vénérables des
» siècles passés. Ainsi nous avons vu, dans le

» renouvellement de la pairie, une institution
» vraiment nationale, et qui doit lier tous les
» souvenirs à toutes les espérances, en réunis-
» sant les tems anciens et les tems modernes....
» *En cherchant ainsi à renouer la chaîne des*
» *tems....,* etc., etc. » Voilà ce que j'ai cru
devoir chercher.

TITRE PREMIER.

Création des Conseils généraux de Province.

Les conseils généraux des départemens sont
supprimés et remplacés par des conseils généraux de province dont nous fixerons le nombre,
la dénomination et le ressort.

Les conseils généraux se tiendront alternati-
vement dans les capitales des départemens qui
composent la province.

Les membres actuels des conseils généraux
des départemens composeront les conseils gé-

néraux de la province dans le ressort de laquelle
les départemens sont situés.

Sont en outre membres de droit du conseil
général, s'ils habitent la province et s'ils exercent leurs fonctions dans l'étendue de son ressort,

1°. Les archevêques et évêques ;

2°. Les premiers présidens et procureurs
généraux des cours royales ;

3°. Les maires des bonnes villes ;

4°. Les recteurs d'académie ;

5°. Les présidens des conseils d'agriculture
et de commerce.

Les conseils généraux seront convoqués par
nos lettres-patentes, scellées du grand sceau,
et adressées aux présidens nommés par nous.

Les préfets des départemens compris dans le
ressort de la province, sont de droit nos com-
missaires auprès des conseils généraux ; toutes

les délibérations sont prises sur leurs rapports et sur leurs propositions.

Les présidens des conseils généraux de provinces, pourront être par nous nommés à vie. Ils prendront alors le titre de grand sénéchal de la province.

Nous prescrirons le cérémonial de l'ouverture et de la clôture de chaque session annuelle des conseils généraux de province ; les lieutenans-généraux commandant les divisions, les présidens de chambres et avocats généraux des cours royales, les maréchaux de camp commandant les sous-divisions militaires du ressort, les présidens et procureurs du roi des tribunaux et les présidens des conseils d'arrondissement du même ressort, auront, dans ces cérémonies, des places marquées suivant leur rang de préséance.

Les membres des conseils généraux des provinces sont nommés à vie par nous, et choisis

parmi les éligibles à la Chambre des Députés.
Nous les choisirons toujours de préférence parmi les habitans de la province qui auront rem-
pli ou qui rempliront les fonctions de magistrats
dans nos cours royales et tribunaux, de conseillers d'arrondissement, de maires, d'officiers
municipaux, de membres des tribunaux de
commerce, des conseils, sociétés et chambres
d'agriculture, de commerce, de bienfaisance.

Il y aura, dans chaque conseil général, un
nombre proportionnel de négocians, d'arma-
teurs, de manufacturiers, relativement à l'importance du commerce et des manufactures de
la province. Nous déterminerons le nombre
des membres et la composition proportionnelle
des conseils généraux.

TITRE II.

Attributions des Conseils généraux de Province.

Les conseils généraux répartiront, sur les arrondissemens du ressort provincial, le contingent des contributions directes attribué à la province par la loi de finances de l'Etat. Ils voteront les centimes additionnels, pourvu qu'il n'excèdent pas cinq centimes du principal des contributions directes.

Toutes les sommes qui auront été affectées, par la loi de finances de l'Etat, aux dépenses de toute nature de la province, resteront en caisse entre les mains des receveurs généraux des finances, pour y être à la disposition des préfets des départemens du ressort, d'après la répartition qui aura été faite du contingent provincial par le conseil général, entre chacun desdits départemens. Les préfets ordonneront les dépenses, conformément aux allocations qui auront été votées pour chaque département dans la session annuelle des conseils généraux des provinces.

Les préfets présenteront chaque année, à l'ouverture de la session du conseil provincial, un rapport ou compte moral de la situation de leur département ; dans ce rapport entrera l'exposé des demandes, propositions, opinions, avis ou griefs qui leur auront été transmis de la part des conseils d'arrondissement. Ce rapport sera terminé par le compte matériel des recettes et dépenses départementales, appuyé des pièces justificatives, pour être le tout soumis à l'examen et à la discussion du conseil géneral de la province.

Dans le mois qui suivra la clôture du conseil provincial, les comptes matériels des préfets et les pièces seront adressés, par les présidens ou sénéchaux, au ministre de l'intérieur, avec

les apostilles et observations du conseil général.
Dans les trois mois de la réception des pièces
au ministère, les comptes devront être apurés
et liquidés provisoirement, puis renvoyés à la
Chambre des Comptes qui statuera définitivement et prononcera, s'il y a lieu, la décharge
des comptables.

Sont déférées aux conseils généraux des provinces, chacun dans son ressort et sous notre
approbation, les attributions suivantes :

Les approvisionnemens, le personnel et l'administration des hospices civils et conseils de
santé, les bâtimens départementaux, maisons
centrales de détention, dépôts de mendicité,
prisons, casernement des troupes et de la gen-
darmerie, sapeurs-pompiers, voiries urbaines
et vicinales, octrois municipaux, droits de
passage, mesurage et jaugeage publics, réunions
des communes qui seront reconnues ne pouvoir
s'administrer elles-mêmes, les dépenses et la

comptabilité de l'instruction publique, excepté
celle que nous avons réservée à l'université,
la fixation des dépenses et la comptabilité
des communes au-dessus de 5,000 âmes, loca-
tion de place dans les halles, foires et marchés,
droits de pâturages ; péages communaux , cou-
pes extraordinaires de bois , construction et
réparations des édifices communaux , changement des lieux consacrés aux inhumations, ex-
propriation pour cause d'utilité communale,
baux à long terme , aliénations , échanges,
acquisitions, partages et autres, jouissance
des biens communaux, droits d'usage, vaine
pâture , tourbage , dessèchemens de marais,
affouage , cantonnemens ; les acquisitions,
constructions , réparations des édifices diocé-
sains, frais de cathédrales et de leurs fabriques,
les établissemens , constructions , réparations,
embellissemens, entretien des ponts, chaussées
et routes dites départementales, communales
et vicinales de la province , l'entretien des
routes de première classe, lorsqu'elles auront

été établies et achevées sous l'autorité immédiate du gouvernement, l'entretien des petits ports de commerce (1).

Tous les arrêtés et décisions pris par les conseils généraux des provinces, seront adressés dans le mois qui suivra la clôture de la session provinciale au ministre compétent pour recevoir notre approbation, et jusque-là leur exécution demeurera suspendue. Si dans les trois mois qui suivront la réception des pièces, il n'a pas été statué sur lesdits arrêtés et décisions, par nous ou par l'un de nos ministres, ils seront censés approuvés définitivement, et recevront leur pleine et entière exécution.

Le préfet constatera, en conseils de préfecture, l'expiration du délai de trois mois.

Sont exceptées de cette disposition les demandes qui doivent être soumises aux Chambres.

____

(1) Demande faite par des conseils généraux.

TITRE III.

Conseils d'Arrondissement.

Le président du conseil d'arrondissement est nommé par nous. Il peut être nommé à vie, et alors il prend le titre de sénéchal de l'arrondissement.

Sont membres de droit du conseil d'arrondissement, les président et procureur du roi du tribunal de première instance, les maires des communes nommés par le Roi, autres que les maires des bonnes villes ; les vicaires généraux, grands vicaires, et les curés de canton, s'ils sont domiciliés et s'ils exercent leurs fonctions dans la ville, chef-lieu de l'arrondissement.

Les membres désignés en l'article précédent cessent de faire partie de droit des conseils d'arronidssement,

1°. S'ils ne conservent plus leur domicile et résidence dans l'arrondissement ;

2°. S'ils cessent d'y exercer les fonctions auxquelles leur nomination de conseiller d'arrondissement est attachée.

Les membres actuellemeut en exercice compléteront la composition des conseils d'arrondissement; mais, à l'avenir, ils seront renouvelés chaque année par cinquième. Les conseillers seront nommés par nous, parmi les électeurs de l'arrondissement.

Les conseils d'arrondissement sont convoqués et se réunissent tous les ans , à deux époques , dans le chef-lieu d'arrondissement; la première quinzaine après la clôture de la session des Chambres ; la seconde quinzaine après la clôture de la session du conseil provincial.

Pendant la durée de la première époque des conseils d'arrondissement , indépendamment

des attributions qui leur sont ci-après conférées,
ils pourront former les demandes, exprimer les
opinions et avis qui leur paraîtront être dans
l'intérêt des localités, pourvu que ces demandes,
opinions, avis et griefs ne sortent pas du cercle
des attributions administratives, conférées aux
conseils généraux des provinces par la présente
ordonnance.

Le sous-préfet remplit les fonctions de notre
commissaire près le conseil de l'arrondissement.
Il sera entendu sur toutes les demandes et les
propositions qui seront faites dans l'intérêt des
localités. Il transmettra au Préfet du département, huit jours au plus tard après l'expiration
de la première époque de la session du conseil
d'arrondissement, les demandes, opinions, avis
et griefs du conseil, avec les documens et preuves
à l'appui.

La seconde époque de la session des conseils
d'arrondissement sera exclusivement consacrée

à la répartition du contingent des contributions directes entre les communes de l'arrondissement. Les délibérations ne pourront être
prises que sur la proposition du sous-préfet,
approuvée par le préfet.

TITRE IV.

*Des Maires et Conseils municipaux des villes
de 5,000 âmes et au-dessus.*

Les maires et adjoints des villes de 5,000
âmes et au-dessus sont nommés par nous pour
cinq ans.

Les conseillers municipaux sont également
nommés par nous : ils sont renouvelés chaque
année par cinquième.

Les juges de paix et juges d'instruction, les
substituts du procureur du Roi, s'ils exercent

leurs fonctions dans la ville, et s'ils y sont domiciliés, sont membres de droit du conseil
municipal pendant toute la durée de leurs
fonctions et de leur domicile dans la même
ville.

Nous fixerons par des ordonnances le nombre des adjoints de maires et des membres du
conseil municipal, ainsi que sa composition
proportionnelle, parmi les différens états, et
professions des citoyens domiciliés dans la
ville.

Nous aurons, près de chaque conseil municipal des villes de 5,000 âmes et au-dessus,
un procureur qui prendra séance après le
maire ; il sera entendu dans toutes les affaires
et pourra requérir les délibérations et arrêtés
qu'il jugera nécessaires pourvu que ses réquisi-
tions ne sortent pas du cercle des attributions
administratives fixées par la présente ordonnance.

6

Nous concéderons, par une faveur spéciale, aux villes de 5,000 âmes et au-dessus, lorsque nous le jugerons convenable, par des lettres patentes scellées du grand sceau, le droit de nommer leurs maires et adjoints. Les lettres patentes détermineront les honneurs, prérogatives et avantages dont lesdites villes nous seront redevables. Les mêmes lettres patentes régleront aussi le mode de l'élection, d'après l'importance des villes, leur population et leurs richesses commerciales et manufacturières.

Les villes dont les charges municipales possédaient autrefois des honneurs et des titres particuliers, accordés par les rois nos prédécesseurs, ou dont elles avaient la jouissance par un long usage, pourront s'adresser aux conseils-généraux de leur province pour être réintégrées dans lesdits honneurs et titres. Nous statuerons sur l'avis desdits conseils.

Les conseils municipaux des villes qui vou-

dront rétablir les corporations d'arts et métiers,
feront les réglemens qu'ils jugeront nécessaires,
et les soumettront aux conseils généraux des provinces. Ces conseils donneront leur avis, et le
transmettront au ministre de l'intérieur qui
prendra nos ordres.

Les conseils municipaux auront la nomination libre et entière des bourses et demi-bour-
ses dont ils font la dépense.

Les villes de 5,000 âmes et au-dessus pourront,
avec notre autorisation, accorder le droit de
cité aux personnes recommandables par leurs
talens et par les services qu'ils nous auront
rendus, ainsi qu'à la patrie et à la province.

TITRE V.

Des Maires , Adjoints et Conseils municipaux
des villes et communes au-dessous de 5,000.
âmes.

Les lois et règlemens actuels sur le nombre ,
la composition et les attributions des maires ,
adjoints et conseils municipaux des villes et
communes au-dessous de 5,000 âmes , conti-
nueront provisoirement d'être exécutés , sauf les
modifications suivantes :

1°. La nomination des maires et adjoints et
conseillers municipaux est faite provisoirement
par le sous-préfet et approuvée par le préfet.

2°. Les maires et conseils municipaux des villes et communes au-dessous de 5,000 âmes , au·
ront seuls, sous la surveillance du sous-préfet ,
l'administration immédiate de leurs bois et autres propriétés foncières , de leurs revenus et

octrois, ainsi que de leurs dépenses. A cet effet, ils dresseront chaque année l'état de leurs recettes et de leurs dépenses qui sera soumis à l'approbation du sous-préfet. A défaut, par ce dernier, de statuer dans les trois mois du jour de la réception des pièces, constatée sur les registres de la sous-préfecture, lesdites recettes et dépenses seront censées approuvées et seront exécutées , après toutefois que le maire en aura prévenu le préfet.

3°. Les comptes annuels des recettes et dépenses communales seront arrêtés provisoirement par le conseil municipal, et définitivement par les conseils d'arrondissement, sur le rapport du sous-préfet.

Les fonds extraordinaires des villes et communes au-dessous de 5,000 âmes, seront directement versés à la caisse du receveur général des finances du département. L'emploi desdits fonds sera proposé nécessairement par la ville ou commune à laquelle ils appartiennent, et

(86)

il sera statué définitivement, sous notre approbation, par le conseil général de la province,
sur l'avis préalable du conseil d'arrondissement
et sur celui du préfet.

F I N.